CÓMO

H. Norman Wright

Autor de:
Momentos de quietud para matrimonios

Cómo

Amar realmente a su Esposo

El amor en acción • Ideas para cada día

Publicado por
Editorial **Unilit**
Miami, Fl. 33172
Derechos reservados
Primera edición 1998

© 1995 por H. Norman Wright

Originalmente publicado en inglés con el título:
How to Really Love Your Husband por Servant Publications
Ann Arbor, Michigan

Ninguna parte de esta publicación podrá ser reproducida, procesada en algún sistema que la pueda reproducir, o transmitida en alguna forma o por algún medio —electrónico, mecánico, fotocopia, cinta magnetofónica u otro— excepto para breves citas en reseñas, sin el permiso previo de los editores.

Traducido al español por: Gabriel Prada

Citas bíblicas tomadas de la Santa Biblia, revisión 1960
© Sociedades Bíblicas Unidas
Otras citas marcadas B.d.l.A. "Biblia de las Américas"
© 1986 The Lockman Foundation
Usadas con permiso.

Producto 497644
ISBN 0-7899-0198-6
Impreso en Colombia
Printed in Colombia

1

Levanta la confianza de tu esposo en sí mismo y motívalo a la acción, haciéndole saber que lo necesitas y aprecias.

2

Los hombres suelen tomar las cosas literalmente. Cuando le pidas a tu esposo que haga algo por ti, exprésalo con un: "¿Lo puedes hacer?, en lugar de, "¿Podrás hacerlo? Él sabrá que necesitas ayuda y que no estás haciendo una simple pregunta hipotética.[1]

3

¿Cuál es el pasatiempo favorito de tu esposo?
Instrúyete al respecto por medio de la lectura,
de lecciones o lo que sea necesario, y un día de estos
¡sorpréndelo con tus conocimientos y destreza!

4

Si tu esposo guarda silencio durante una discusión no
interpretes que no te hace caso. Muchos hombres
prefieren colocar a un lado asuntos importantes
mientras piensan acerca de ellos antes de hablar.
Debes darle tiempo.

5

Cuando compartas tus sentimientos con tu esposo, hazle saber que no tratas de decirle lo que tiene que hacer —sólo deseas que te escuche y que considere cómo te sientes. Dile directamente:
"Cuando me escuchas siento
que me amas y apoyas".

6.

Confía en tu esposo. Él necesita saber que tú crees que él desea lo mejor para ti, y que está haciendo lo mejor que puede en el matrimonio. Cuando te abres y eres receptiva a lo que él tiene para ofrecer, llenas su necesidad de amor. Como resultado, te devolverá amor.[2]

7
Escribe las peticiones de tu esposo para que puedas recordarlas sin necesidad de que tenga que repetirlas. ¡Él se dará cuenta!

8
Hazle saber a tu esposo por anticipado qué tipo de apoyo deseas de él. Encontrarás que es más fácil compartir tus preocupaciones y sentimientos, cuando *tú* sabes que *él* sabe lo que se espera.[3]

9

Dedica algunos minutos a refrescarte, maquillarte un poco y arreglar tu pelo antes que tu esposo llegue del trabajo. Él sabrá que lo hiciste para él.

10

Muchos hombres recuerdan números fácilmente: promedios de bateo en béisbol, números promedio en el mercado de acciones, promedio de anotaciones en el fútbol. ¿Sabe tu esposo qué deseas que él recuerde? Escribe para él una lista de fechas específicas y ocasiones especiales como recordatorio.

11

Muchos hombres no desean que se les interrumpa cuando están airados o malhumorados. Pregunta: "Hay algo que yo pueda hacer para ayudar, o prefieres que te deje a solas? Estoy dispuesta a hacer cualquiera de las dos".

12

Cuando tu esposo pida perdón por alguna ofensa, hazle saber que lo amas, lo valoras y lo perdonas. El verdadero perdón no suprime la estima propia, al contrario, la eleva.

13

La reconciliación convierte al esposo y la esposa en iguales. Donde existe la verdadera reconciliación ninguno es rebajado. ¿Te sientes que estás a la par en tu relación? ¿Piensa tu esposo que valoras sus contribuciones? ¡Pregúntale!

14

Ve al punto y sé directa con las peticiones.
No digas:
"Sería tan bueno ir a cenar alguna noche
durante esta semana", dicho con un suspiro.
En vez, de decir:
"¿Me llevas a cenar alguna noche
durante esta semana?"

15

El romance en el matrimonio no sucede por sí solo. Puedes lograr que suceda a través de tus atenciones, deseos, pensamientos y acciones.

16

¿Cuándo fue la última vez que le diste a tu esposo un masaje en la espalda? ¿Le preparaste su postre favorito? ¿Pasaste por su oficina una tarde durante horas de trabajo? ¿Lo llamaste para decirle: "Te amo y estoy anhelando verte esta noche?" ¡Sorpréndelo!

17

Pregunta a tu esposo cuáles dos o tres peticiones de oración le gustaría fuesen contestadas durante los próximos treinta días. Escribe las peticiones en tarjetas y deja espacio donde puedas escribir las respuestas. Coloca las tarjetas donde ambos puedan verlas cada día.
¡Regocíjate junto a tu esposo cuando las oraciones sean contestadas!

18

Alaba a tu esposo frente a otros. Esconde notas especiales en los bolsillos de su camisa o en su maletín. Un hombre está más dispuesto al cambio cuando se siente amado, aceptado, y se confía en él.

19

¿Qué cosas hace tu esposo para hacerte sentir amada, respetada y llena de valor? Escríbelas y coloca la nota en la última edición de su revista favorita o pégala sobre la página deportiva del periódico.

20

Tu esposo dará la bienvenida a toda comunicación que sea calmada, corta, y sensible. Pregúntale qué hora del día es mejor para que él pueda comunicarse contigo también.

21

Presta atención cuando tu esposo te habla. Apaga o echa a un lado cualquier distracción. Mira fijamente a sus ojos mientras habla y responde a sus ideas. Este es un regalo que cuesta muy poco, pero es valiosísimo.

22

Admira a tu esposo. Dale las gracias, muestra aprobación y aprecio. Él se sentirá seguro con tu admiración y querrá continuar supliendo tus necesidades.

23

Si tu esposo ya no te escucha cuando le dices: "Te amo", debe ser porque lo has estado diciendo de la misma manera por demasiado tiempo. ¡Exprésalo de alguna manera que lo sorprenda! Escríbelo en el espejo del baño, en su calendario de uso diario, o pega una nota en la visera del auto.

24

No es función tuya reformar a tu esposo.
Anímalo, alábalo, nunca lo menosprecies.
Sí puedes requerir cambios, pero debes dejar
la obra de transformación al Espíritu Santo.

25

Evita competir con tu esposo —sé su amiga.
Deséale lo mejor y muestra entusiasmo por
sus logros. ¡Enorgullécete de él!

26

Asume el papel de estudiante y maestra en tu matrimonio. Un matrimonio realizado es uno en el cual los cónyuges se enseñan y aprenden el uno del otro.

27

Oren juntos a menudo. "Sólo cuando los cónyuges oran juntos ante Dios, podrán encontrar el secreto de la verdadera armonía, donde las diferencias en gusto enriquecen el hogar en vez de ponerlo en peligro."[4]

28

Dialoga con tu esposo respecto al presupuesto, cuentas bancarias, y devolución de impuestos pagados. No compartir sobre las preocupaciones financieras que puedan haber, sólo logrará que se hagan mayores.

29

Recuerda: No hay tal cosa como un esposo perfecto, una esposa perfecta o un matrimonio perfecto.

30

El amor genuino por tu esposo es incompatible con los celos, la envidia, o la amargura. Estas respuestas sólo servirán para alejarlo en vez de acercarlo cada vez más a ti.

31
El silencio no es siempre lo mejor entre esposos.
Pregúntale a tu esposo si desea tomar cierto
tiempo a solas, simplemente para hablar.

32
Estar en desacuerdo con tu esposo es una cosa, portarte
de manera desagradable es otra. Dile que lo amas,
aunque no se puedan poner de acuerdo
en algún asunto.

33

Busca una grabación de la canción favorita de tu esposo y haz que la escuche. Pregúntale cuáles son los sonidos que él considera suaves y relajantes, búscalos para que los escuche.

34

Debes saber que a veces tu amor hacia tu esposo tomará la forma de una decisión, en vez de un sentimiento fuerte. Ese tipo de amor es maduro y perdura.
Así es el amor *ágape*.

35

Cuando tu esposo se siente mal, está cansado,
o extremadamente cargado ¿sabes lo que más
él necesita? Quizá necesite algo de compañerismo,
un poco de espacio o paz y quietud.
Debes estar ahí para él. Tu sensibilidad,
presencia, y tus oraciones lo harán
sentirse amado.

36
La fantasía en el matrimonio es saludable, siempre y cuando la mente de la esposa esté llena de pensamientos acerca de su esposo.
¡Puedes fantasear con tu esposo!

37
Cuando amas a tu esposo, tomas en consideración muy seriamente sus sentimientos y puntos de vista, aun cuando difieran de los tuyos. Cuando no estés de acuerdo dile: "Veo las cosas de manera diferente, pero quizá pueda aprender de ti." ¡Créelo!

38

Decirle a tu esposo: "Es que tú no entiendes", no ayudará en nada a que él pueda entender mejor cuáles son tus necesidades. Esa frase es acusatoria y él no la va a escuchar. Trata mejor diciendo lo siguiente: "Permíteme expresarlo de otra manera".[5]

39

Nunca busques dirección de parte de Dios respecto a algo que ya Él prohibió en su Palabra. Todo lo que debemos hacer es obedecer.

40

Las lecciones pertenecen al salón de clases,
no al hogar.
El amor de sacrificio no demanda;
respetuosamente pide.

41

Pide una sola vez; no ruegues constantemente.
Si tu esposo se queja por algo, no discutas.
Deja que tome su propia decisión a su tiempo.

42

Soluciona los asuntos en tu matrimonio tan pronto salgan a flote. "La armonía en el matrimonio es una realidad, cuando no hay ofensas y asuntos no resueltos entre ambos".[6]

43

La culpa en el matrimonio puede que identifique responsabilidad, pero de nada sirve para lograr la reconciliación.

44

Limita la discusión por los problemas a un asunto por vez. Hazle saber a tu esposo, que escucharte a ti puede ser la mejor parte de la solución.

45

Debes reconocer que expresar tu ira no es algo necesariamente malo; es la manera en que expresas *tu* enojo, lo que marca la diferencia.

46

La intimidad en el matrimonio es sexual y emocional,
pero la intimidad emocional es el preludio a
la intimidad sexual. Deja saber a tu esposo, que cuando
él provee conversación y atención todos los días de
tu matrimonio, estás dispuesta a responder a
él sexualmente en un grado aun mayor.

47
Para el próximo aniversario, entrega a tu esposo una tarjeta donde enumeras, por cada año de matrimonio, razones por las cuales estás contenta de haberte casado con él.

48
Muchos hombres resienten tener que ir de compras. Permite que la experiencia sea más interesante para tu esposo entregándole un mapa de tu centro comercial favorito, junto a una lista de artículos que le puedan interesar a él, y los nombres de las tiendas donde podrá encontrar cada artículo. ¡A él le encantará!

49

En medio de la crisis personal o familiar, no gastes energías tratando de descifrar *por qué*. Confía en Dios, invierte tus energías creativamente, y de seguro que las respuestas pronto llegarán.

50

¿Cuál es el plan de Dios para ti y para tu familia en este momento? "La voluntad de Dios crecerá junto contigo. Todo lo que no sea la voluntad de Dios, morirá —perderás todo interés.
Pero el plan de Dios nunca morirá."[7]

51

La tentación es inevitable, pero ese no es el problema.
Lo que *hagas* con la tentación *puede* ser el problema.
¿Vas a jugar con ella, la vas a entretener,
o la echarás fuera?

52
Dialoga con tu esposo sobre cómo ves
a Dios, quién es Él, y cómo es.
Pregúntale acerca de su punto de vista.

53
Lo que enferma el matrimonio no es el problema
o los conflictos, más bien, la malnutrición
emocional causada por la apatía
y la indiferencia.

54

Trata de ver si puedes superar a tu esposo en servicio.
¡He aquí una competencia que sí vale la pena!
Piensa en tres maneras nuevas en que puedes
servir a tu esposo en esta semana.

55

Debes saber que como esposa vas a cometer
errores. Tu esposo lo sabe, y Dios también.
No te rindas —aprende de tus errores,
y continúa hacia adelante.

56

Fue en el proceso de hacer cosas por tu esposo y con él, que te enamoraste. Esta es la manera en que te mantendrás enamorada. Envía los niños con una niñera, prepara un baño de burbujas para cuando tu esposo llegue del trabajo, y compartan una cena estilo pic-nic frente a la chimenea encendida. ¡Sé un poco salvaje, y creativa!

57

Has lo que tengas que hacer para que tu esposo se sienta aceptado. El esposo que se siente seguro en su papel de marido, responderá a su esposa en amor.

58

¿Te conoce tu esposo lo suficientemente bien como para escribir tu biografía desde tu primer año hasta los quince? De no ser así, ayúdalo. Se va a generar una muy buena discusión, y él te llegará a comprender mejor.

59

Tratar a tu esposo de manera amorosa es como depositar dinero en una cuenta de ahorros. Paga buenos intereses. ¡Asegúrate de hacer muchos depósitos!

60

Cuando tu esposo te haga saber que lo has herido u ofendido, piensa sobre cuál es la meta, y escoge bien la respuesta. ¿Estarás a la defensiva? ¿Resentida? ¿Humilde? ¿Acongojada y triste? Si tu meta es volver a una relación cercana, entonces está claro cuál debe ser tu respuesta.

61
Antes de hacer el amor con tu esposo una
de estas noches, lee en voz alta
el Cantar de los Cantares de Salomón.

62
¿Cuáles son los sueños que tienes para tu matrimonio
que todavía no se han realizado? Compártelos con
tu esposo, y crea oportunidades para que se
puedan desarrollar.

63

¿Cuáles tres preguntas o frases desearía tu esposo que elimines de tu vocabulario? Si no lo sabes, pregúntale. ¡Entonces hazlo!

64

Las palabras: "Si solamente..." detienen la acción y crean preocupaciones innecesarias, y un sentir de incomodidad en el matrimonio. Cuando sientas que se aproxima un, "si solamente..." debes decir: "Encomendemos este asunto al Señor".

65

¿Cuál regalo tu esposo nunca esperaría de parte tuya?
No le preguntes. Adivínalo por ti misma, y luego
se lo obsequias. Observa cómo una nueva imagen
de tu persona se va desarrollando
en su mente y corazón.

66

Antes de darle consejos a tu esposo, pregúntale
si lo desea. Quizá necesite solamente que
aceptes sus palabras en silencio.

67

Permite que tu esposo sea único. Decir:
"Eso es un comportamiento típico de un hombre", o
"Ustedes los hombres son todos iguales",
hace muy poco por promocionar
el mutuo entendimiento.

68

Las diferencias entre tu esposo y tú bien pueden separarlos y debilitar el matrimonio, o pueden ayudarles a desarrollar fortaleza que de otra manera no sería posible experimentar. Enumera tres maneras en que tu esposo y tú son diferentes, y considera, cómo cada una de ellas podría fortalecer tu matrimonio.

69

Ayuda a tu esposo a pensar sobre su potencial personal, cómo desarrollarlo a cabalidad. Pregúntale: "Qué quisieras estar haciendo de aquí a cinco años? ¿En diez años? ¿Cómo puedo ayudarte a alcanzar lo que deseas?

70

¿Te encuentras en proceso de resolver algún desacuerdo con tu esposo? Ataca el problema en vez de atacarlo a él. Sugiere opciones en vez de mantenerte tercamente firme en la solución que ofreces, como si esta fuese la única.

71

Debes estar dispuesta a hacer algunas cosas tal y como
las hace tu esposo. Organiza las herramientas en
el garaje a su manera, o coloca la correspondencia
junto a su silla, en vez de sobre la mesa,
sólo porque deseas complacerlo.

72

Compra una docena de tarjetas del Día de los Enamorados
durante el mes de febrero, y envíale una a tu esposo
cada mes del año.

73

Cuando tengas que tomar una decisión importante, primero
ora a Dios pidiendo sabiduría, luego solicita la opinión
de tu esposo. ¡Debes tener en mente, que quizás
él sepa mejor que tú lo que debes hacer!

74

"Pobreza y vergüenza tendrá el que menosprecia el consejo; más el que guarda la corrección recibirá honra" (Proverbios 13:18).

¿Qué crítica válida ha expresado tu esposo recientemente, que no has aceptado?

Debes admitirla para ti misma y para él.

75

"Si amas a alguien serás fiel sin importar el precio.
Siempre creerás en él, siempre esperarás lo mejor
de él, y siempre te mantendrás firme en
tu posición al defenderlo".
(Paráfrasis —1 Corintios 13:7)

76

No mires las preocupaciones maritales a través
de un lente fotográfico, enfocando solamente
los problemas. Debes equilibrar tu perspectiva.
Enumera todo lo positivo en tu matrimonio
y compártelo con tu esposo.

77

Ora, estudia la Biblia o lee material devocional junto con tu esposo de manera continua. Mientras más cerca estés de Dios, más fácil será para ti el poder abrirte a tu esposo.

78

No pienses saber lo que esté pensando tu esposo,
cuando lo encuentres callado. Puedes decirle:
"No hay manera que pueda saber lo que estás pensando
en este momento, pero me gustaría saber.
Te prometo, que si decides compartirlo conmigo,
sólo te escucharé sin hacer comentarios".
¡Luego cumple tu parte del trato!

79

Deja una nota escrita sobre el volante del auto de
tu esposo, donde le preguntas cómo puedes aprender
a escucharlo mejor. Agradece sus sugerencias
y ponlas en la práctica.

80

Es mucho más fácil evitar el conflicto en el matrimonio,
que dar los pasos necesarios para resolverlo.
Esquivarlo, sin embargo, sólo complicará el asunto. Para
lograr que el conflicto desaparezca, debes enfrentarlo,
discutirlo, y buscar maneras creativas para resolverlo.

81

¿Hasta qué punto eres irresistible para tu esposo?
¿Hasta qué punto todavía son ambos incompatibles?
¿Se están moviendo de la incompatibilidad hacia
la irresistibilidad? Piensa en tres maneras para
reducir la incompatibilidad y aumentar
la irresistibilidad, o ambas.

82

El perdón no es una póliza de seguro que ya ha sido pagada. Se necesita una inversión continua para mantener la póliza matrimonial renovada.

83.

¿Te sientes frustrada cuando tu esposo no te habla? Practica la paciencia, y reconoce sus esfuerzos hacia la comunicación. Expresa tu aprecio cuando él te escucha, escúchalo sin interrupciones cuando decida hablar y no lo presiones. Con el tiempo se abrirá a compartir más contigo.

84

"Manzanas de oro con figuras de plata es
la palabra dicha como conviene".
(Proverbios 25:11).
La traducción para el matrimonio: ¡Cuán buena es
la palabra apropiada, dicha en el momento apropiado!
¿Cuándo es el momento apropiado para
dialogar con tu esposo?

85
Enumera las experiencias que has pasado en tu matrimonio hasta ahora, y que quisieras poder recordar en veinticinco años. Pide a tu esposo que haga una lista similar y la comparten juntos.

86
Expresa el siguiente voto a tu esposo: "Ni de día, ni de noche, jamás, te ofenderé en presencia de nadie. Ni ante mi familia, tu familia o nuestra familia".[8]

87

La calidad de tu vida espiritual será el remedio para los achaques y dolores que viene por causa de las tensiones de la vida. Discutan sobre la vida espiritual que comparten regularmente y cómo pueden lograr que la misma sea mejor.

88

Si tus líneas de comunicación necesitan ser reparadas, sé tú quien las arreglas. Quizá tú y tu esposo necesiten derrumbar primero algunas paredes antes de poder edificar la relación. Separen diez minutos cada día para conversar sin interrupciones. Es un buen comienzo.

89

Recuerda que en el matrimonio el asunto no radica
tanto en quién tiene la razón, sino más bien,
en qué es lo que conviene mejor al matrimonio.
Medita al respecto.

90

Una esposa amorosa llama la atención a los puntos fuertes de su esposo, y le ayuda a descubrir y desarrollar su potencial. Enumera los puntos fuertes de tu esposo. Pídele que haga lo mismo por ti, y luego compartan las listas.
Déjale saber que crees en él.

91

Dedica tiempo y esfuerzo a hacerte entender. Debes
hacer preguntas, dar ejemplos, repite tus respuestas,
usa palabras e ilustraciones con las que tu esposo
se pueda identificar. Enfoca sobre el uso de
ejemplos visuales.

92

Invita a tu esposo a una cita romántica, usando
una grabación en casete o video. ¡Goza de la experiencia!
Preséntale la grabación durante algún momento en privado.
¡De seguro que le gustará tu creatividad!

93

"Me regocijaré en tu estatutos;
no me olvidaré de tus palabras".
(Salmos 119:16)

¿Usas algún patrón continuo para memorizar las Escrituras? De no ser así, sugiere a tu esposo memorizar un verso bíblico juntos, cada dos semanas.

94

"La alta presión sanguínea en el matrimonio es causada por la grasa que tapa las venas de la comunicación".[9]

95

¿Eres una persona predecible? ¿Sigues siempre tras la misma rutina? Permite que algo nuevo suceda en tu relación con tu esposo, hoy.
¡Adelante —sorpréndelo!

96

La tensión suele hacer que los hombres estén callados,
retraídos o irritados. Evita dar consejos a tu esposo
cuando se sienta bajo tensión; en vez, ofrécele espacio,
un oído que sabe escuchar, un abrazo cariñoso,
o la seguridad de hacer el amor.

97

En el matrimonio, debemos tener en alta estima
la habilidad de poder expresar libremente
afecto y admiración.[10]

98

Uno de los mejores regalos que le puedes obsequiar
a tu esposo es el derecho a fracasar y ser imperfecto.
Después de todo, es lo mismo que *tú* quisieras
de *él*, ¿verdad que sí?

99

Si crees haber logrado positivamente alguno
de los cambios a petición de tu esposo, evalúa
los mismos usando su regla de medir,
así como la tuya. Solicita su opinión.
No discutas con su respuesta.

100

¿Alguna vez le has dicho a tu esposo: "Me haces
enojar tanto"? ¿Verdaderamente tiene él tanto poder
sobre ti? ¿Habrá alguna otra posibilidad?
Medita en ello.

101

Amar a tu esposo significa reconocer ciertas
necesidades específicas y ofrecer suplirlas.
Procura suplir sus necesidades de la manera
que él desea que lo hagas.
Si no estás segura, entonces pregunta.

102

En vez de quejarte ante otros por tu matrimonio, dile a tu esposo las cosas que sí te gustan del matrimonio, y ofrece sugerencias positivas para lograr que sea aun mejor.

103

Saber escuchar a tu esposo quiere decir, que no estás pensando en lo que vas a contestar, mientras él aún está hablando (Proverbios 18:13). Cuando él termine de hablar, resume lo que ha dicho y de esta manera te aseguras de haber entendido.

104

En lugar de comprar una tarjeta de aniversario este año, escribe la tuya propia, e imprímela en papel de pergamino.
¡Hazla llegar a tu esposo por algún medio poco usual: un socio de negocios, un vecino, el perro de la familia!

105

¿Tienes algún plan de continuo mantenimiento
y renovación para tu matrimonio?
Durante este año, lean juntos un libro sobre
el enriquecimiento matrimonial o asistan a
una clase o seminario matrimonial.
En esta ocasión, sé tú quien hagas
los arreglos previos.

106

Todas las esposas ofenden a sus esposos en algún momento. Algunas están ajenas al dolor de su esposo, algunas no le hacen caso y otras admiten su ofensa y piden perdón.
¿Cuál ha sido el patrón que has seguido?
Práctica pidiendo perdón.
Como resultado, estarán más unidos.

107

En una escala del 0 al 10 ¿cómo medirías tu matrimonio hoy? ¿Dónde lo pondría tu esposo en la escala? Trata de predecir su respuesta, y luego le preguntas.

108

Recuerda que el amor no es un mero acto; es un estilo de vida. Es estar presente durante los tiempos buenos y los no tan buenos. Estar presente es siempre posible cuando Jesús ha sido invitado a estar, también.

109

¿El televisor en tu hogar, le añade o le resta a tu relación matrimonial? Pregunta a tu esposo si él estaría de acuerdo en mantener el televisor apagado por un mes, para que ambos puedan dedicar tiempo a mejorar la comunicación.

110

A menudo, el matrimonio resulta ser mucho más de lo que esperábamos. Pero tú y tu esposo pueden moldear el futuro de su matrimonio al determinar la dirección que el mismo ha de llevar. Escribe tres metas comunes que tú y tu esposo tienen para su matrimonio. ¡De no tener ninguna, no esperen un momento más!

111

Dedica tiempo a conocer por lo menos cinco necesidades que tenga tu esposo, y cómo suplir esas necesidades de la manera que él desea. Por ejemplo; la mayoría de los hombres tienen necesidad de admiración. ¡Sería un poco difícil dar demasiados elogios!

112.
La relación matrimonial es la manera en que
Dios refleja su eterno amor por su pueblo.
¿Cuánta prioridad debemos dedicarle al mismo?
¿Cuánta prioridad le estás dedicando?

113
Procura escuchar la voz de Dios.
"Entonces tus oídos oirán a sus espaldas palabra
que diga: Este es el camino, andad por él".
(Isaías 30:21)

114

Dios no se rinde al tratar con nosotros. Los votos matrimoniales de una esposa hacia su esposo, son un reflejo de la promesa de Dios de nunca dejarnos ni rendirse en el trato con nosotros. ¿Qué área de tu matrimonio podría usar más atención y esfuerzo?

115

¿Has pensado cómo se verá tu esposo de
aquí a veinte años, o cómo te verás tú?
Dialoga con él sobre lo que piensas.

116

Cuidado con lo que le dices a tu esposo en un momento de ira. Nunca digas nada que sea un reflejo de sus habilidades o que disminuya quién es él como persona. El dolor causado por palabras dichas con enojo, puede durar más allá del recuerdo de la causa misma de la ira.

117

Los hombres son bastante sensibles a la crítica.
Piensa positivamente: provee sugerencias a
tu esposo y suficiente tiempo para pensar acerca
de ellas, en vez de decir negativamente:
"¿Por qué hiciste eso? o
"Yo conozco una manera mejor de hacerlo".

118

Ser la amiga de tu esposo significa, animarlo a que
alcance su potencial, y saber deleitarte en sus éxitos
como si hubieses sido tú quien acaba de ganar
el certamen de belleza la Señorita América.
Piensa en alguna meta personal que tu esposo
haya alcanzado recientemente, y prepara
una celebración junto a varios amigos íntimos.

119

El cambio es un aspecto vital de un matrimonio que va en crecimiento. Enumera tres maneras en que eres diferente este año en comparación con el año pasado. Pide la opinión de tu esposo.

120

Piensa en dos o tres ocasiones en que has compartido con tu esposo sentimientos de fracaso, tristeza, o desilusiones. Si no puedes hacerlo, hoy es un nuevo día. Permite que él te vea tal y como eres.

121
Prepara una lista de tus necesidades y pídele a Dios que te muestre cuáles son importantes. Permite que Él sea quien decida. Es mejor llevar una vida centrada en Dios, que una vida centrada en necesidades.

122
El perdón en el matrimonio está ligado a la gracia, más que a la justicia. Esto permite que tu esposo quede libertado del anzuelo. No lo obligues a pagar vez tras vez por el mismo error. Perdona y olvida.

123

Haberte equivocado en algún momento, no quiere decir
que has fracasado por completo en el matrimonio.
Lo que sí te puede hacer sentir como una fracasada
es, darte por vencida, aislarte, verte a ti misma
como una fracasada, ¡o rehusar aprender
de tus experiencias!

124

Dile a tu esposo que él es más importante para ti que el trabajo, o los quehaceres del hogar —¡luego busca maneras de probar lo que has dicho!

125

La amistad entre esposo y esposa ha sido designada como la razón número uno para la felicidad matrimonial. Llegar a tener un buen amigo viene como consecuencia de *ser* un buen amigo. Reírse, jugar, hablar, y trabajar juntos, edifica la amistad.

126
"Mientras más importante se crea un hombre que es para su mujer, mayor será el ánimo que ella recibirá de su esposo para que haga aquellas cosas que son de su agrado".[11]

127

En una escala del 0 al 10, ¿cuán importante
son tus posesiones para ti?
"Y [Jesús] les dijo: Mirad y guardaos de toda avaricia;
porque la vida del hombre no consiste en
la abundancia de los bienes que posee".
(Lucas 12:15)

128

Recuerda que no debes buscar dirección en las áreas donde ya Dios ha dicho "sí", y donde un mandamiento ha sido dado. Todo lo que necesitas es ser obediente. ¿Debes amar a tu esposo? ¡Eso ni se pregunta!

129

Cuando una mujer ama a su esposo, se abre a un nuevo
nivel de sufrimiento. Pero debes entender que cuando
un hombre no se siente amado o respetado por
su esposa, el dolor causado por el rechazo es intenso.
Asume el riesgo. Dile a tu esposo diariamente
cuánto lo amas y lo aprecias.

130

La próxima vez que estés enferma, observa cómo
actúas con tu esposo. ¿Eres amable o intocable?
¿Es fácil cuidar de ti, o es necesario recluirte
en una sala de aislamiento?
Quizás tu esposo te pueda decir.

131

Una esposa no *tiene* que someterse a su esposo,
cuidar de él, o ayudarlo; estas son cosas que ella
simplemente *hace*. Dile a tu esposo que es
un privilegio poder amarlo. Pregúntale
cómo puedes ayudarlo aun más.

132

El único momento para detener la tentación es en
el momento en que es identificada. Cuando uno comienza
a argumentar y batallar con la tentación, en combate mano
a mano, la tentación casi siempre vencerá".[13]

133

A menudo las mujeres se relacionan con Dios en una de cuatro maneras: "Dame", "Úsame", "Hazme", "Escudríñame Oh Dios, y conoce mi corazón". ¿Dónde te encuentras hoy?

134

Que no se ponga el sol sobre vuestro enojo. Procura resolver las diferencias tan pronto como sea posible —esta es una buena idea para el matrimonio.

135

El matrimonio 50/50 no funciona; es muy difícil descifrar si tú y tu esposo han llegado a mitad del camino. Con un compromiso 100/100, no hay nada que cuestionar.

136

Dile a tu esposo cómo ves a Dios obrando en vuestras vidas.
"Si el Señor no edifica la casa, en vano trabajan los que la edifican".
(Salmos 127:1 B.d.l.A.)

137

Debes recordar a menudo que las esposas que dan
sólo un poco de amor encuentran que el mismo
alcanza largo trecho, y las esposas que dan
mucho amor, el mismo continúa, continúa
y continúa por siempre.

138
Dile a tu esposo continuamente:
"Te amo más que ayer y
menos que mañana".

139
Escribe una nota para tu esposo donde
le haces saber que él es una persona
inolvidable y por qué.[14]

140

La próxima vez que te encuentres discutiendo
con tu esposo, debes preguntarte:
"¿Es mi meta castigar y dominar a mi esposo,
o es mi meta poder entenderlo?"
De ser necesario, debes redirigir tus argumentos
hacia la meta de la reconciliación.

141

El romance es como el carbón que necesita de
tu aliento y paciencia para encenderse.
Si deseas un matrimonio más firme,
¡toma algunas bocanadas de aliento y sopla!

142

Tu esposo posee un banco del amor. Cada vez que te relacionas con él es como hacer un depósito o un retiro. ¿Has verificado la libreta de cuentas últimamente?
¡Debes mantener los libros siempre en balance![15]

143

Cuando una esposa tiene a su esposo en segundo lugar
—debido a que tiene en primer lugar su trabajo, los niños,
o cualquier otro interés— él puede reaccionar de tres
maneras. Puede aceptar el segundo lugar, puede
presionar por el primer lugar y finalmente obtenerlo,
o puede presionar para alcanzar el primer lugar hasta
que pierde todo interés.
¿Por qué hacerlo pasar por todo eso?[16]

144

Pregunta a tu esposo cómo se siente él o se afecta
el matrimonio, por la manera en que manejas o expresas
las frustraciones. ¿Lo haces estar más cerca o lo alejas?
Pide su opinión sobre cómo podrías expresar
los sentimientos de frustración de manera diferente.

145

Una esposa de calidad es aquella que puede satisfacer a un hombre a través de toda su vida —y quien puede ser satisfecha por un hombre a través de toda su vida. Requiere esfuerzo, tiempo, compromiso, y la gracia de Dios, pero sí es posible.
Que esta sea tu meta para tu matrimonio.

146

Si tu matrimonio te parece aburrido, ¡quizás la aburrida seas tú! Puede ser que estés metida en una rutina. Quizás eres demasiado predecible. ¡Asombra a tu esposo! Sé inusualmente creativa y completamente impredecible. Prepara comidas nuevas, cambia tu manera de vestir, siéntate sobre sus rodillas...

147

Si te cuesta recuperarte de una pelea con tu esposo, eso está bien. La sanidad no se puede apresurar. Pero debes tener en mente que su sentido del tiempo es diferente al tuyo. Si te parece que él se recupera con mayor rapidez que tú, no quiere decir que él sea insensible, o que no le importó el asunto por el cual discutieron.
Debes darle el beneficio de la duda.

148

En lugar de concentrarnos en —cuánto le falta a
nuestro cónyuge— debemos mirarnos a nosotros
mismos, y lo inmenso de la deuda que Dios nos
ha perdonado. Él es tolerante con nuestras faltas.
Debemos comprometernos a tolerar las cargas
el uno del otro cuando somos débiles, y
edificarnos mutuamente.[17]

149

Medita sobre el tiempo que pasas trabajando en el hogar o en cualquier otro ambiente. Comparte con tu esposo lo que tu trabajo significa para ti, y lo que más desearías estar haciendo en tu trabajo en diez años.

150

Dialoga continuamente con tu esposo sobre cómo desearían ambos que su matrimonio fuese diferente. Escucha sin defenderte. Dedica tiempo para pensar sobre sus ideas y sobre las tuyas, y luego, regresen a la discusión.

151

¡Así que estás en camino hacia algún sitio, y tu esposo anda como perdido! En lugar de llamarle la atención y demandar que se detenga y solicite dirección, prueba una de estas opciones: "¿Qué es lo que deseas hacer? ¿Puedo hacer algo para ayudar?" No me importa que estemos atrasados. ¿Quisieras convertir esto en una aventura salvaje?"

152

Cuando tu esposo llega a casa del trabajo, ¿cómo lo recibes? ¿A qué le prestas tú, atención inmediata? Tu esposo desea ser el Número Uno. Antes de hacer cualquier otra cosa, salúdalo con afecto e interés genuino: "Te he echado de menos," "Es bueno volver a verte," "Háblame sobre el día que has tenido." No lo bombardees con problemas, negativismos, o con "!¿Quieres saber lo que *tus* hijos han echo hoy?!, hasta que haya tenido tiempo suficiente para soltar tensiones.

153

Los cónyuges que son amigos no tratarán
de controlar o dominarse el uno al otro.
Respeta las ideas y sentimientos de tu esposo.
Pregúntale a menudo: "¿Qué estás pensando?"
Di a menudo: "Tratemos de hacerlo a tu manera."

154

La plática de amor que una pareja comparte antes del matrimonio, es demasiadas veces, después de la ceremonia, reemplazado por otros tipos de comunicación. Dedica tiempo a reflexionar sobre esto, y luego enumera aquellas cosas de las que solían hablar. Pide a tu esposo que haga lo mismo. Introduzcan de nuevo esos mismos temas en sus conversaciones.

155

Anima a tu esposo en maneras específicas. El hombre que sabe que su esposa lo apoya, confiará en ella aun más, y será mas abierto con ella.

156

Hablar quizás no lo sea todo, pero definitivamente es mejor que esquivar asuntos importantes. Esquivar los problemas causa que los mismos crezcan. Cuando te sorprendas a ti misma esquivando a tu esposo, debes preguntarte: "¿Cuál ha sido nuestro desacuerdo? ¿Cómo podemos resolverlo?"

157

El conflicto en el matrimonio puede abrir tantas
puertas como las que cierra. Cuando permites que
el conflicto abra una puerta entre tu esposo y tú,
podrás ver las diferencias desaparecer.
¿Cuáles son algunas cosas que puedes hacer
para resolver algunas de sus diferencias?
Medita al respecto y haz una lista de ideas.

158
Pregunta a tu esposo cómo podrías amarlo y servirle mejor. Debes estar preparada para escuchar su respuesta. Dale las gracias por sus sugerencias.

159
El amor en el matrimonio sabe decir: "¿Me podrás perdonar por el dolor que te he causado?"
¿Cuándo te expresaste de esta manera?
¿Es necesario que lo hagas ahora?

160

Cuando un esposo y su esposa hablan entre sí,
sobre lo que piensan y sienten, cada problema
se disminuye, y cada gozo se incrementa.
Compartan a menudo, pero para alcanzar
mejores resultados, sé breve.

161

El acto sexual, es la manera establecida por Dios de asegurarle a tu compañero que él es la persona más importante en el mundo, ahora y en este preciso momento." Conviértelo en algo creativo, romántico, y sensible al tiempo y las necesidades de tu esposo.[18]

162
¿Cuando tu esposo se marchó al trabajo esta
mañana, se sintió apoyado y edificado
por haber estado en casa?
¡Pregúntale!

163
Las avenidas de comunicación con Dios, están
invariablemente abiertas a tu esposo, debido a
que una mujer no puede estar genuinamente
abierta hacia Dios, y cerrada a su esposo.[19]

164

Cuando amas y apoyas lo mejor en
tu esposo, muchas de las cosas que te irritan,
desaparecen o dejan de molestarte tanto.

165

Cuando te encuentres discutiendo con tu esposo, deténte y escúchalo. Luego responde de la siguiente manera: "Si es que entiendo bien tu posición, lo que estás diciendo es...", y repite lo que has escuchado. Cuando te detienes a escuchar ambos lados de un asunto, te sorprenderá cómo se disminuyen las discordias matrimoniales.

166

Cuando tu esposo haya tenido un mal día,
las mejores palabras que puedes usar son:
"Yo creo en ti, y Dios también. ¿Qué puedo hacer,
para que el resto de tu día sea más llevadero?"

167

¿Quién se entera cuando estás malhumorada
con tu esposo? ¿Nadie? ¿Tu madre? ¿Tus amigas?
La próxima vez, déjale saber a él directamente,
pero calmada, que estás de malhumor, qué cosa
desearías que él hiciera diferente, y que sabes
que él es muy capaz de hacerlo como debe ser.

168

Retira a los niños temprano, y participa con tu esposo
de un tiempo de romanticismo en la sala o
el salón de descanso familiar.
¡A él le encantará!

169

Cuando tu esposo esté luchando con algún problema,
pregúntale si desea que le des alguna sugerencia antes
de expresarla voluntariamente. Si él está de acuerdo,
entonces sugiere gentil y amorosamente.
Debes tener cuidado con el tono de voz que usas.

170

Visita la biblioteca y lleva contigo un libro de poemas románticos. Pide a tu esposo que seleccione uno, y te lo lea una de estas noches, justo antes que se acuesten.

171

El acto sexual y la comunicación verbal no pueden separarse. Uno no substituye al otro. Pero debes también recordar, que para muchos hombres, el acto sexual es un medio de comunicación. Hacer el amor, ayuda a que tu esposo se sienta aceptado.

172

La Escritura nos enseña que debemos alabar a Dios (Salmos 100:4) y a los demás también (Efesios 4:29). Piensa en tres maneras que hayas alabado a tu esposo recientemente.

173

Debes saber que el amor es, preocuparse por aquello que le preocupa a tu esposo. Si él no te hace saber cuáles son sus preocupaciones, entonces prepara una lista de veinte o treinta preocupaciones comunes a ambos, y pídele entonces que marque algunas.

174

Un abrazo o caricias junto con tus palabras, harán que
tu esposo se sienta que lo comprendes y que es aceptado,
especialmente cuando se siente cansado.

175

Prepara una lista de regalos que tú *crees* a tu esposo
le gustaría recibir de parte tuya. Muéstrale la lista
y solicita su opinión. ¿Qué tal te quedó?
Obséquiale en esta misma semana,
uno de los regalos que él escogió.

176

¿Deseas lograr algún tipo de cambio en tu esposo?
Él mostrará disposición al cambio, cuando el cambio
que se procura tenga sentido para él, cuando no le echen
la culpa por no hacerlo correctamente, cuando
esté seguro que va a funcionar, y cuando reciba
el apoyo necesario de tu parte.[20]

177

Si piensas que tu esposo es poco comunicativo,
quizá mejor debes pensar de él como
uno que es preciso y va al punto.
¡Aprende algo nuevo de su manera directa
de decir las cosas, y de su habilidad
para condensar la información!

220

¿Las cosas en tu matrimonio no están funcionando de la manera que crees deben funcionar? Identifica qué es lo que necesitas, relaciónalo a los intereses de tu esposo, y comparte sólo un poquito a la vez, para mantener su curiosidad estimulada.[29]

221

"El matrimonio no es tanto un asunto de encontrar la persona correcta, como lo es llegar a *ser* la persona correcta".[30] ¿Eres tú la esposa que deseabas llegar a ser cuando te casaste? De no ser así, todavía es posible llegar a ser esa mujer.

222

Demuestra a tu esposo que aprecias aquellas cosas pequeñas, así como las grandes que hace por ti. De otra manera él llegará a sentirse desanimado.

NOTAS

1. John Gray, *Men Are from Mars and Women from Venus* (New York: Harper Collins, 1992), 253, adaptado.
2. Gray, 135, adaptado.
3. John Gray, *What Your Mother Didn't Tell You and Your Father Didn't Know* (New York: Harper Collins, 1994) 157, adaptado.
4. Paul Tournier, *The Healing of Persons* (New York: Harper and Row, 1965), 88-89.
5. Gray, *What Your Mother Didn't Tell You and Your Father Didn't Know*, 164, adaptado.
6. Gary Smalley, *For Better or For Best* (Grand Rapids, Mich.: Zondervan, 1979), 75, adaptado.
7. David Wilkerson, *I'm Not Mad at God* (Minneapolis: Bethany Fellowship, 1967), 32.
8. Charlie Shedd, *Letters to Philip* (Old Tappan, N.J.: Revell, 1968), 64.
9. James R. Bjorge, *Forty Ways to Say I Love You* (Minneapolis: Augsburg, 1878), 59-60.
10. Bjorge, 24.
11. Smalley, 47.
12. A. W. Tozer. Adaptado, fuente desconocida.
13. Thomas a Kempis.
14. Shedd, 31.

15. Willard F. Harley, Jr *His Needs, Her Needs (Grand Rapids, Mich: Revell, 1986), 13.*
16. Patrick M. Morley, *Two Part Harmony* (Nashville: Nelson, 1994), 79, adaptado.
17. Morley, 143.
18. Charlie Shedd, Letters to Karen (Nashville: Abingdon, 1965), 111.
19. Dwight Small, *After You Say I Do* (Grand Rapids, Mich.: Revell, 1968), 214.
20. Gray, *What Your Mother Didn't Tell You and Your Father Didn't Know, 263, adaptado.*
21. Richard Exley, *The Making of a Man* (Tulsa, Okla: Honor, 1993), 141.
22. Exley, 173, adaptado.
23. Gray, *Men Are From Mars and Women Are From Venus*, 264, adaptado.
24. James Dobson, *Dr. Dobson Answers Your Questions* (Wheaton, Ill.: Tyndale, 1982), 329. (Véase la serie de 3 libros publicada por Editorial Unilit).
25. Shedd, *Letters To Philip*, 33.
26. Morley, 143.
27. Bjorge, 30, adaptado.
28. Gray, *Men Are From Mars and Women Are From Venus*, 266, adaptado.
29. Smalley, 48.
30. Shedd, *Letters to Karen*, 13.

178

El matrimonio es el mejor lugar para cambiar malos hábitos o el comportamiento ofensivo. ¿En algún momento tu esposo te ha mencionado alguno? Pregúntale si hay algo que has estado haciendo, que él preferiría no lo hicieras más.

179

En lugar de criticar a tu esposo por dejar su ropa echada en el piso, dale las gracias cuando se acuerde de colgarla.

180
Sé paciente ante Dios cuando el camino parezca largo.
"Pero los que esperan en el Señor renovarán sus fuerzas;
se remontarán con alas como las águilas, correrán,
y no se cansarán, caminarán, y no se fatigarán".
(Isaías 40:31 B.d.l.A)

181

¿Te sientes atrapada? Cuando todos a tu alrededor están demandando un "pedazo" de ti, y no hay suficiente para todo el mundo, separa un tiempo para apartarte de todo, y dialogar con alguien que sabes te va a escuchar. ¿Qué tal, Dios?

182

Si te fuese quitado por los próximos seis meses tu trabajo, tus habilidades, o tu belleza física, ¿cómo te sentirías contigo misma? Discute esta pregunta con tu esposo, en algún momento.

183
"El alma generosa será prosperada;
y el que saciare, él también será saciado".
(Proverbios 11:25)
Anota en un papel maneras en que eres
generosa con tu esposo. ¿Tiempo? ¿Dinero?
¿Quehaceres domésticos? ¿Qué más?

184.
¿Deseas descubrir la voluntad de Dios para tu matrimonio? Vayan ante Dios como pareja, juntos. Pregunten a Dios qué desea Él para tu matrimonio, y luego hagan la determinación de llevarlo a cabo.

185
"Si esperamos hasta poder resolver toda duda o toda pregunta, antes de seguir a Dios, nunca haremos nada con nuestras vidas. Debemos dar el paso, y andar en fe."[21]

186

Debes ser consciente de tus peticiones de oración.
¿Son tus peticiones compatibles con el carácter de Dios,
o estaría Dios violando su propia naturaleza al darte
lo que estás pidiendo?[22]

187
Debes desarrollar un sistema de aviso a tiempo, para combatir contra la tentación en tu vida. Ora junto con tu esposo a diario. Memoricen juntos 1 Corintios 10:13.

188
¿Cómo tu esposo sabe que verdaderamente te interesas por él? Enumera tres maneras específicas. Si no sabes, entonces pregúntale.
Después dile: "¿De qué otra manera te gustaría que me interese por ti?"

189

Dialoga con tu esposo cuando estés malhumorada
y no cuando todo haya pasado. Hazle saber cada
detalle. Quizá no tenga tu intuición, ¡y seguramente
que él no sabe leer la mente!

190

En uno de esos momentos de gran valor, pregunta
a tu esposo en qué tres cosas pudieras mejorar.
Dile que respetas su opinión y que deseas su
ayuda para llegar a ser una mejor esposa.

191

Da a tu esposo permiso para decir "No" cuando le pidas ayuda o apoyo. Él estará aun más dispuesto para responder a tu próxima petición.[23]

192

El amor puede morir cuando los esposos se olvidan de dialogar juntos, cuando no separan tiempo para el romance.[24] Sorprende a tu esposo esta semana, prepara tú misma una noche romántica.

193

Escribe una nota a tu esposo que diga:
"¡Te sigues poniendo mejor cada día!"[25]
Pégalo al espejo en el cuarto de baño.

194

La mejor manera de decirle a tu esposo algo que no
te gusta, es haciéndole saber algo que sí te gusta.
Por ejemplo: "Verdaderamente aprecio mucho cuando
me llamas para decirme que vas a llegar tarde".

195

"Cuando nuestros cónyuges gozan de puntos fuertes debemos afirmarlos en ellos, pero nunca debemos presionarlos para que los pongan en acción. Criticar el punto fuerte en nuestros esposos es como matar su valor".[26]

196

¿Has estado presionando a tu esposo a pasar más tiempo en el trabajo para que gane más dinero? Qué tal si él pasa ese tiempo junto a la familia. Quizá no acumules tantas cosas, pero invertir en vidas paga grandes dividendos.

197

Un regalo que cuesta poco, pero que produce mil por ciento de ganancia es un calendario de actividades donde esté escrito en varios días del mes "Tiempo especial para el esposo".

198

Dialoga con tu esposo sobre sus preocupaciones e ideas relacionados con tu matrimonio. Aprende a ver la vida a través de sus ojos, así como a través de los tuyos. Quizás él pueda lograr ver aquellas cosas que a ti se te escapan.

199

Algunas esposas contribuyen en nada a la felicidad de sus esposos, algunas contribuyen activamente a su infelicidad, y otras lo hacen sentir como el hombre más importante del mundo. ¿Cómo se siente tu esposo?

200

Lleva a tu esposo a un fin de semana romántico. Hazle saber por anticipado que no pensarás o hablarás de proyectos relacionados con el hogar o los niños; no discutirás problemas y tampoco tendrás las narices metidas en un libro. Sé su sirvienta durante el fin de semana.

201

Reflexiona acerca de las maneras en que te comunicabas con tu esposo en los días iniciales de su noviazgo. ¿Cómo sucedió que dos extraños llegaron a ser amigos íntimos? ¿Dialogaron sobre sus sueños, metas, su fe, pasatiempos favoritos? Piensa en tres maneras por medio de las cuales te comunicas con él ahora, que mantienen viva su intimidad. Si no puedes, pide su opinión.

202

No pretendas saber lo que tu esposo está por decir antes que lo diga. Suponer puede llevar a la distorsión, así que, escucha atentamente. ¡Puede ser que él te sorprenda!

203

Debes perdonar verdaderamente. "Perdonar" a tu esposo solamente si él promete que nunca va a fallar otra vez, eso no es perdonar. El verdadero perdón confía y cree en la persona que uno ama.

204

Pasa por alto las falta de tu esposo, ¡pero nunca pases por alto su potencial! Hazle saber que crees en él. Pregúntale cómo puedes ayudarlo a alcanzar sus metas.[27]

205

Los esposos se consuelan mutuamente en momentos de necesidad. ¿De qué manera desea tu esposo que lo consueles a él? No adivines al respecto
—si no lo sabes debes preguntarle.
¿Cómo prefieres que él te consuele? Dile.

206
Enseña a tu esposo con gentileza. Usa modelos positivos, preguntas que indagan cariñosamente, y palabras de ánimo. Hazle saber que crees en él.

207
Debes ser una persona dispuesta a ser enseñada. Escucha a tu esposo, aprende del modelo positivo, acepta sus preguntas que indagan cariñosamente.
¡Él cree en ti!

208

Si no te ha sucedido aún, en algún momento experimentarás la perdida de un familiar, un amigo cercano, un hijo o tu esposo. Ahora es el momento para pensar cómo reaccionarías. Dialoga con tu esposo al respecto.

209

Tu esposo se casó contigo, porque él creyó que la manera tan maravillosa y atenta en que respondiste a él durante el noviazgo, continuaría e incrementaría en el matrimonio. ¿Este tipo de respuesta está presente todavía y va en crecimiento, o es necesario un nuevo compromiso?

210

Da a tu esposo permiso para gruñir cuando le pidas que haga algo por ti. Gruñir significa que está considerando tu petición —esto es mejor que un definitivo y seco " !No!" Dale tiempo. Eso está bien.[28]

211

Cuando traigas a tu esposo una preocupación o un problema, hazle saber antes que nada, el punto final. De esta manera él estará en mejor disposición para escuchar el resto de los detalles.

212

Cada vez que pienses: "Debí haberlo escuchado primero", permite que tu esposo lo sepa. Él podrá apreciar en tu reconocimiento que él estaba en lo cierto.

213

Graba una semana completa de las conversaciones de la familia durante la hora de la cena. Cuando escuches la grabación, debes poner atención a tu tono de voz. ¿Qué cosas has estado comunicando, que no has estado al tanto que lo estabas haciendo? Debes concentrarte en *cómo* dices las cosas al igual que en lo que dices.

214

Debes reconocer que la responsabilidad en el matrimonio no es tuya solamente, y debes actuar como tal. Comparte las responsabilidades con tu esposo, y hazle saber que las estás compartiendo. Pídele que haga planes para seis fechas especiales durante el año. Dile que te sentirías emocionada si él escoge un libro sobre comunicación o sexo, y te lo lee.

215

Debes procurar escuchar con sensibilidad. Provee a tu esposo respuestas a lo que dice, y de esta manera le haces saber que lo estás escuchando, pero debes evitar las interrupciones o el estar corrigiéndolo.

216
Pregunta a tu esposo cuáles de tu respuestas emocionales él tiene mayor dificultad en aceptar. Pregúntale de qué manera desearía él que respondieras, agradece su sugerencia, y toma en consideración lo que dijo.

217
Si tu esposo usa un calendario día por día, tómalo "prestado", y escribe un mensaje de amor en cada día primero y quince de cada mes.

218

¿En tus desacuerdos matrimoniales, asumes el papel de buscador de soluciones o el de guerrero? Solamente un papel les permitirá a ambos ser ganadores. ¡Echar la culpa no lo es!

219

Escucha a tu esposo. Siéntate, para todo lo que estés haciendo, y *escucha* verdaderamente. Es la única manera de saber cuáles son las cosas importantes para él.